DU PROJET DE LOI

SUR

LES SUCCESSIONS

ET LES SUBSTITUTIONS,

POUR COMPARAISON, QUELQUES IDÉES SUR DES INSTITUTIONS APPROPRIÉES A L'ORDRE DE CHOSES QUI NOUS RÉGIT, ET QUI EN SERAIENT LES GARANTIES ET LES APPUIS.

PAR J.-CH. BAILLEUL,

ANCIEN DÉPUTÉ.

Tunc etiam fatis aperit Cassandra futuris
Ora, dei jussu non unquam credita Teucris.
VIRG., AEneïd, lib. II.

***

PARIS,

A LA LIBRAIRIE DU COMMERCE,

CHEZ RENARD, LIBRAIRE, RUE SAINTE-ANNE, N° 71.

FÉVRIER 1826.

DU PROJET DE LOI

SUR

LES SUCCESSIONS

ET LES SUBSTITUTIONS.

———◆———

Le *morcellement* progressif de la propriété foncière est essentiellement contraire au *principe du gouvernement monarchique;* il affaiblirait les garanties que la Charte donne au trône et à l'État.

Le projet de loi a donc pour objet, d'après les motifs énoncés par le ministère, de mettre un terme à la mobilité de la propriété foncière, de *fonder* et *de conserver* les familles. Ce qui fait l'excellence du gouvernement monarchique, c'est la *continuité* et *l'uniformité* de son action: il faut aux gouvernemens des appuis dont la nature convienne à la leur; il faut donc au gouvernement monarchique des appuis qui, comme lui, soient uniformes et invariables. Où les trouver? dans les institutions et les magistratures; elles ne suffisent pas. C'est déjà un très grand bien que des institutions et des magistratures qui sont en harmonie avec le Gouvernement; mais au delà

de ces institutions se trouve la nation, et les nations ont
leurs formes et leur génie qui arrêtent ou favorisent
l'action du Gouvernement : l'ouvrage serait donc imparfait si l'on n'établissait entre le Gouvernement et la
nation les mêmes rapports qui existent entre le Gouvernement et les institutions.

Puisque le principe monarchique est la continuité, on
ne peut donc rien fonder sur l'homme isolé dont l'existence physique est trop courte, et dont l'existence morale est plus courte encore : il faut une succession
d'hommes animés des mêmes sentimens et dirigés par
des intérêts d'une même sorte.

Or, cette succession ne peut se trouver que dans la
famille qui réunit des traditions, des affections, des habitudes communes : c'est là qu'est l'homme collectif qui
ne change point et ne *veut rien changer*.

Dans les démocraties dont le principe n'est pas la
durée, tout est isolement, mouvement, changement ;
rien n'y peut être fondé, puisque le pouvoir lui-même ne
l'est pas.

C'est donc un devoir dans les monarchies de constituer la famille. Or, comment fonder la famille ? par les
mœurs ? non, car les mœurs viennent de la famille ; ce
ne peut être qu'en prolongeant la possession des terres,
la seule chose qui parmi nous ait de la fixité.

La conservation des terres inspire des idées d'ordre et
de prévoyance ; elle amène cet ordre de choses si conforme à la nature du gouvernement monarchique, par
lequel la *société générale* se compose d'une infinité de
sociétés domestiques dont *l'intérêt se confond* avec celui de
l'état, et dont *l'existence dépend de celle* du Gouvernement :

La division des terres détruit sans pitié la famille ;
elle blesse l'ordre constitutionnel puisqu'elle rendrait la
population étrangère aux affaires publiques, d'abord en
dérangeant la proportion entre les éligibles et les électeurs ; puis en détruisant par de nouveaux morcelle-
mens les électeurs comme elle avait détruit les éligibles ;
il est utile que le nombre des électeurs et des éligibles
n'éprouve pas de réduction trop considérable, et plus
utile encore que les élémens de ces deux classes ne changent point avec trop de rapidité.

L'influence de la propriété foncière qui a de la durée
est favorable à la monarchie dont le principe est la durée ;
la propriété mobiliaire qui change sans cesse tend même
à son insu vers la démocratie : or, dans un pays comme
la France, où de grands développemens d'industrie ac-
croissent sans cesse les richesses mobiliaires, leur influence toujours croissante, tandis que celle de la propriété foncière par la division indéfinie, diminuerait
chaque jour, la monarchie serait évidemment en péril.

La France monarchique, constitutionnelle et industrielle offre donc les trois causes qui autorisent à porter
des lois contre la division des propriétés immobiliaires.

Quelles sont les ressources que fournit sur ce point
notre législation ? Elles sont de trois sortes : les majorats,
la quotité disponible, les donations à charge de rendre.

En réunissant ces trois moyens, ils sont encore insuf-
fisans ; selon le ministère, on ne peut atteindre le but
que par le rétablissement d'un droit de primogéniture,
ou l'inégalité dans le partage des successions, que par le
rétablissement des substitutions.

Aussi le projet proposé de rétablir l'inégalité des par-

tages dans les successions, non seulement des biens immeubles, mais encore des objets mobiliers; non seulement d'une certaine nature de biens immeubles, comme
il arrivait sous le régime de la féodalité où l'on distin-
guait les biens nobles, des non nobles, les biens de bour-
gage, des biens ruraux, mais de tous les immeubles
quelle que soit leur nature; non seulement dans les pays
soumis au droit qu'on appelait coutumier, mais sur
tous les points du territoire.

Cette proposition a une portée bien extraordinaire;
celui-là serait doué d'une force de prévision bien extraordinaire qui pourrait en calculer et en assigner les résultats. Sans chercher à tracer les maux que son adoption
doit produire, je me contenterai d'examiner rapidement
s'il y a quelque analogie entre l'inconvénient que l'on
paraît redouter et le remède que l'on veut y appliquer.

Question. Lorsqu'on a lu dans le discours d'ouverture
des Chambres ces mots : « le morcellement progressif de
« la propriété foncière... », on s'est demandé : qu'entend-
on par morcellement de la propriété? veut-on dire la division des terres composant l'héritage ou la division des
pièces de terre composant ce même héritage?

S'il s'agit de la division des héritages et d'en neutra-
liser l'effet en en concentrant par la force de la loi la
plus grande partie dans une seule main, c'est une question de droit public, une question d'organisation sociale.

Si, par morcellement on entend seulement la division
à l'infini de chaque pièce de terre, la question est de pure
économie.

Sous ce rapport, il importe peu à l'État que cinquante
fermes soient entre les mains d'un seul propriétaire ou

de cinquante propriétaires; il y aurait même de l'avantage dans ce dernier cas, attendu que le plus grand nombre de ces fermes seraient exploitées par leurs propriétaires et rapporteraient par conséquent beaucoup plus; disons encore que cinquante propriétaires au lieu d'un, composeraient cinquante familles également intéressées au bon ordre et à la conservation de l'État; que cinquante familles aisées au lieu d'une seule riche, consommeraient les produits de l'industrie; sous le rapport politique, l'État a le plus grand intérêt à la division des héritages et au mouvement des propriétés qui vont toujours chercher l'économie, la bonne conduite, l'intelligence et l'habileté; nous devons à ce mouvement les prospérités actuelles de la France : il en est autrement de la division indéfinie de chaque pièce de terre. Il y a là véritablement un inconvénient grave; mais le moyen d'y remédier ne serait pas dans l'inégalité des partages dans les successions; au contraire, ce partage ne ferait que l'accélérer et le rendre plus sensible : l'un des moyens efficaces que l'on pourrait employer serait la licitation forcée, etc.....

Toutefois le morcellement de la terre, sous quelque point de vue qu'on le considère, a-t-il acquis parmi nous assez d'étendue pour que des administrateurs prévoyans puissent en être inquiétés?

D'abord si l'on divise par un côté on réunit par l'autre: les mariages et l'économie sont des obstacles de tous les jours à une trop grande division; en général l'héritage divise, mais l'acquisition réunit. Il y a de nos jours par les ventes et reventes un mouvement immense dans la propriété. Il faudrait savoir ce qu'est le mouvement par les ventes au mouvement par héritage; en y joignant les réunions que les mariages opèrent, bien certainement la différence est faible, et la question est au moins douteuse; on peut en conclure que nous pouvions encore pendant long-temps rester dans une parfaite sécurité et observer les résultats de cet ordre de choses.

Au reste, les motifs du projet ont fixé la question. Le but est d'empêcher autant que possible la division des héritages; la question économique n'y est pas même indiquée, c'est-à-dire celle qui, dans l'ordre des idées, devait être le premier objet de la sollicitude du gouvernement.

Je commencerai par adresser à la bonne foi des partisans du projet une question bien simple : S'il n'y avait jamais eu de nobles en France, si la féodalité n'avait laissé dans les hommes qui conservent l'ancien esprit de cette caste ni souvenirs ni prétentions, aurait-on présenté le projet? en eût-on même conçu l'idée? Je ne crains pas de l'affirmer, bien certainement, non.

Il y a plus : si les moyens qu'on a employés pour faire les élections n'eussent pas donné une chambre toute imbue de ces anciennes idées, eût-on osé présenter le projet, même avec la plus grande conviction de son utilité? C'est donc en dehors de l'intérêt public et de l'opinion à peu près universelle que le projet a été conçu.

Il est donc facile de démêler, à travers les dispositions généralement applicables à tous les citoyens, le fond de la pensée des rédacteurs. La liaison de leurs idées consiste dans ces deux points : *garanties* ou *appuis* et *nobles*; *monarchie* et autant que possible *aristocratie* ou *féodalité*.

Tel est, au fond, ce principe monarchique dont on a

déguisé les véritables termes dans le discours de présentation.

Or, sous l'ancienne monarchie la seule, la véritable garantie qu'eussent le Roi, la royauté, enfin ce qu'il y avait de monarchique dans ce système, consistait dans les grandes magistratures, dans l'armée et dans les communes populeuses, qui, quoique inorganisées, étaient cependant fortes par leurs masses.

Supposez la royauté abandonnée par les parlemens et par l'armée, loin que le droit d'aînesse lui eût fourni un appui, la féodalité, qui ne subsistait que par ce droit, aurait à l'instant repris ses avantages, et eût recommencé les temps des premiers successeurs de Hugues-Capet. Loin donc que l'existence des nobles, fortifiée par l'exercice d'un droit d'aînesse, soit un appui, une garantie pour les trônes, elle a, dans tous les temps, été un danger.

Que feraient des aînés isolés, quoique puissans par la fortune, en faveur de la monarchie? rien : tous leurs efforts tendraient à troubler l'État pour reconquérir des priviléges, et pour se reformer en corps. Une fois ce grand but atteint, leur intérêt serait-il le même que celui de l'État, que celui de la royauté? Qu'on ose répondre.

On m'observera que ces réflexions pourraient être dirigées contre la Chambre des Pairs. Je ne balance pas à prononcer que, si cette Chambre était identifiée avec tous les nobles qui sont encore en France, le péril pour la royauté et pour la monarchie serait imminent.

La monarchie ancienne était assise sur des aînés. Qu'y a-t-elle gagné? Aujourd'hui la royauté est appuyée sur toute la nation : tous les intérêts viennent se concentrer dans cette haute institution ; elle n'eut jamais de base aussi large : elle n'en peut pas avoir de plus solide : restreindre son étendue sous le prétexte de lui donner de nouveaux appuis, c'est l'attaquer, c'est la trahir. Aussi les violences employées dans les dernières élections sont avant tout une atteinte portée à la royauté. Aussi en recueille-t-elle, en recueillons-nous déjà les fruits. La direction que l'on donne aux affaires, les propositions que l'on voit surgir sont également opposées à l'intérêt de la France, à l'intérêt du trône.

Il faut, dit le ministère, à la monarchie des appuis. Qu'entend le ministère par ce mot monarchie ? il en est de plusieurs espèces. Pourra-t-on pénétrer sa pensée en donnant quelque attention aux paroles suivantes : « Par « la *nature* du gouvernement monarchique, la société « générale se compose d'une *infinité de sociétés domestiques*, « dont l'*intérêt* se confond avec *celui de l'État*, et dont « l'existence *dépend* de celle du Gouvernement. »

Je crois qu'il y a ici une grande complication d'idées. Si le ministère parle d'une sorte de monarchie quand nous parlons d'une autre espèce de monarchie ; s'il admet ce qui n'est pas ou ce qui n'est plus, quand nous ne nous occupons que de ce qui est, nous nous comprendrons difficilement.

Parviendrons-nous jamais à concevoir, dans l'état de choses où nous vivons, ce que c'est qu'une *société générale* qui se compose d'une *infinité de petites sociétés domestiques*, dont l'*intérêt* se confond avec *celui de l'État*, et dont l'*existence* dépend de *celle* du Gouvernement ? Cela suppose donc que cette infinité de petites sociétés n'existe point parmi nous, que nos familles n'ont pas un caractère monarchique, que nos intérêts ne se confondent pas avec ceux de l'État, et que notre existence est indépendante de celle du Gouvernement. Et c'est l'inégalité des partages qui va donner à ces choses un tout autre caractère.

Sous la monarchie féodale, chaque domaine féodal formait un petit état, qui avait sa juridiction, son administration, son petit territoire sous l'autorité d'un chef de famille : c'était en effet une petite société domestique ; et ces chefs de famille, ayant seuls rang dans l'État, ils formaient, à le bien prendre, la société générale. C'est donc ou le gouvernement féodal ou l'imitation du gouvernement féodal qu'on veut nous rendre ou nous offrir ; c'est donc en d'autres termes qu'on veut nous conduire à un autre gouvernement.

Sous notre monarchie constitutionnelle, sous le gouvernement d'un roi, la nature du gouvernement monarchique, consacrée d'ailleurs par la loi fondamentale, est que la société générale se compose de tous les citoyens égaux devant les lois, de toutes les familles auxquelles appartiennent ces citoyens, ayant tous les mêmes titres à la bienveillance comme à la justice du Gouvernement.

Ainsi donc le ministère qui veut une monarchie féodale ou une imitation de la monarchie féodale qui n'existe plus, ou qui n'existe pas, ne peut pas tenir le même langage que ceux qui parlent d'après la monarchie constitutionnelle purement royale, qui existe. Voilà ce qu'il faut bien comprendre, si l'on veut s'entendre dans cette discussion.

Avant d'aller plus loin, je demanderai si les individus

composant les petites sociétés domestiques seront plus nombreux que ceux qui seront en dehors, dont l'intérêt ne sera pas lié à celui de l'État, et dont l'existence sera indépendante de celle du Gouvernement : ce calcul est d'une haute importance.

« Il faut à la monarchie, à la royauté des appuis. » Sans doute : ce qui nous arrive aujourd'hui le prouve. Les résultats de la guerre d'Espagne, tous dirigés contre la royauté, contre la monarchie constitutionnelle, le nom de Charte, notre loi fondamentale, proscrit, la liberté des élections violée, la nature des choix que l'on voulait obtenir, le langage des journaux salariés, la présentation du projet de loi qui nous occupe, tout nous démontre qu'il est possible d'attaquer, et d'attaquer avec succès, la monarchie et la royauté : ce qui ne serait pas arrivé, si la monarchie et le Roi avaient eu des appuis, des garanties qui les eussent rendus également invulnérables.

Sera-ce dans l'inégalité des partages, dans le gouvernement féodal, ou une imitation, une parodie de la monarchie féodale, que la monarchie royale, que la monarchie constitutionnelle trouvera des appuis qui lui manquent?

Le ministère veut des appuis conformes à la nature de notre Gouvernement ; mais, par la nature de notre Gouvernement, son principe fondamental est *l'égalité devant les lois*. Comment une loi qui consacrerait l'inégalité y serait-elle jamais conforme? Je sais que dans l'exercice de certains droits, l'égalité n'est qu'une égalité de facultés sous des conditions spéciales que la loi impose : ainsi, pour voter comme électeur, il faut payer au moins trois cents francs de contribution directe; autrement on est privé de l'exercice de ce droit. Autre chose est l'exercice d'un droit politique qui deviendrait un privilége, s'il n'était pas facultatif, autre chose est l'exercice d'un droit civil sur lequel l'individu ne peut rien par lui-même. Si la loi stipule une inégalité, un privilége en faveur de l'aîné, dans le cas où je serais fille, je n'ai ni la faculté ni l'espoir de me faire garçon, et si je suis cadet, je n'ai ni la faculté ni l'espoir de me faire aîné : je suis donc, par le fait de la loi, placé dans un rang inférieur et non égal; il y a donc dans la société deux classes d'individus, dont l'une ne jouira jamais, quoi qu'elle fasse et quoi qu'il arrive, des avantages de l'autre.

Mais, dira le ministère, si la conservation de la société exige ce classement ? Cette manière de raisonner serait tellement exorbitante que, de là à l'esclavage d'un nombre quelconque d'individus, il n'y aurait qu'un pas.

Le principe du gouvernement monarchique, selon le ministère, c'est la *continuité* et la *conformité* de son action; ce n'est pas là un principe, c'est tout au plus la conséquence d'un principe. La continuité et l'uniformité sont dans l'intention de tous les fondateurs de quelque chose, d'une démocratie comme d'une monarchie; si dans les démocraties les bouleversemens sont fréquens, c'est l'inconvénient de cette forme de gouvernement; ce n'en est pas le principe, comme le prétend encore le ministère. Sur des matières aussi graves il serait bien de ne pas prendre des conséquences pour des principes.

Ainsi, ce que le ministère pose comme le principe monarchique n'est pas même en soi un principe; et c'est sur une semblable donnée qu'on appuie un projet qui renverse l'ordre établi... Continuons cependant.

Obligé de lier ce prétendu principe à l'inégalité des partages, voyons comment va raisonner le ministère pour y parvenir. « Il faut dans un gouvernement monar- « chique des appuis qui, comme lui, soient uniformes « et invariables, où les trouver ? dans les magistratures « et les institutions ; mais au delà se trouve la nation, et « les nations ont leur forme et leur génie qui arrêtent « ou favorisent l'action du Gouvernement ; l'ouvrage se- « rait donc imparfait si l'on n'établissait entre le Gou- « vernement et la nation les mêmes rapports qui existent « entre les institutions et le Gouvernement. »

Le ministère se félicite de ce que le Gouvernement est en harmonie avec les magistratures et les institutions ; cependant si l'on en juge par les destitutions, par les injonctions de toute espèce dont l'autorité se croit obligée d'user journellement, on pourrait douter de cette harmonie. Quoi qu'il en soit, l'assertion du ministère contient une question, et une question immense qu'il n'a pas même aperçue. Oui, il faut qu'il y ait harmonie entre le Gouvernement et la nation ; il faut que les rapports entre le Gouvernement, les institutions et les gouvernés soient identiques : en un mot, le principe du Gouvernement, son action, sa corrélation avec ses subordonnés, l'opinion des administrés, tout cela c'est le Gouvernement ; et tout cela ne doit faire qu'un. Or, voici la question :

Si un ministère qui n'est pas le Gouvernement, qui n'est qu'un agent du Gouvernement, est en désaccord avec la nation, est-ce la nation qui doit être forcément mise en harmonie avec les vues d'un ministère passager, qui évidemment eût toujours travaillé et travaillerait contre la constitution du pays, contre les intérêts de son Roi et contre le repos de l'État, qui voudrait sacrifier les droits de millions de citoyens, leur prospérité et leur dignité aux convenances et aux prétentions d'une classe composée de quelques individus, ou plutôt de deux classes dont l'une encore tromperait l'autre, ou plutôt qui se tromperaient réciproquement toutes deux; ou bien serait-ce au ministère à se mettre en harmonie avec l'ordre existant, avec le bien-être de tous, avec la dignité du Roi, avec les droits d'une couronne qui ne fut jamais si resplendissante que depuis qu'elle est dégagée de tous les restes de la rouille féodale?

Si un ministère n'agit pas selon l'esprit de la loi, il est évident que les obstacles qu'il éprouve sont son ouvrage, et non celui de la nation qui réclame l'exécution de la loi, et dont l'opinion est conforme à son esprit.

Pour mettre la nation en rapport avec ses idées, quel est donc le moyen imaginé par le ministère, ou le moyen qu'on lui a suggéré? L'inégalité des partages des successions : ce moyen en effet est incalculable dans ses conséquences, effrayant dans ses résultats; mais ce ne seront pas ceux qu'a présentés le ministère. Comment cette inégalité va-t-elle produire l'harmonie que cherche le ministère?

« Puisque le principe monarchique est la continuité,
« on ne peut donc rien fonder sur l'homme isolé; il faut
« une succession d'hommes animés par les mêmes senti-
« mens, et dirigés par des intérêts d'une même sorte,
« ce qui ne peut se trouver que dans la famille; c'est là

« qu'est *l'homme collectif* qui ne change point et qui ne
« *veut rien changer :* c'est donc un devoir dans les monar-
« chies de constituer la famille. »

Il me semble que le ministère aurait dû s'environner
de moins d'obscurité et s'expliquer plus clairement; c'est
une nécessité d'autant plus grande qu'on dit des choses
plus extraordinaires. Par *famille* nous avions entendu
les unions que forment les mariages, les enfans qui en
résultent, les biens qui appartiennent aux époux en
vertu des lois, et qui sont le fruit de leurs travaux; nous
avions jugé que, par cela qu'un homme et une femme
s'étaient unis, ils n'étaient plus *isolés*, et que, plus ils
avaient d'enfans, plus la famille était nombreuse; autrement, que plus il y avait *familles*, plus tous les membres de
cette famille pouvaient et devaient être animés des
mêmes sentimens, dirigés par les mêmes intérêts; que
c'était là en quelque sorte *l'homme collectif* qui réunit des
affections, des traditions, des habitudes communes au
milieu desquelles seront élevées toutes les générations
destinées à se succéder; que, la famille comprenant
ainsi tout le monde, et les générations qui s'éteignent,
et les générations qui travaillent, et les générations qui
naissent, le Gouvernement ne pourrait désirer rien de
plus ni rien de mieux.

Selon le ministère ce n'est pas cela du tout; la famille
n'est pas même fondée : ainsi ce que vous aviez impro-
prement appelé famille n'est qu'un assemblage d'êtres
isolés, d'autant plus isolés qu'ils sont plus unis. Vous ne
pouvez pas fonder la famille par les mœurs, car les
mœurs viennent de la famille; et, puisque nous sommes
sans famille, il faut en conclure que nous sommes aussi

sans mœurs. J'ai entendu bien des choses, depuis près de quarante ans que je vis au milieu des événemens et des raisonnemens ; mais j'en ai entendu peu qu'on puisse comparer à celles-ci :

« On ne peut constituer la famille qu'en prolongeant « la possession des terres, la seule chose qui parmi nous « ait de la fixité ; et cette prolongation ne peut avoir lieu « que par l'inégalité du partage dans les successions et « par les substitutions. »

Ainsi l'inégalité de partage, les substitutions sont la grande recette pour fonder les familles et donner des mœurs à un peuple : par conséquent elle est conforme au principe monarchique, et elle offre au trône les appuis qui lui sont nécessaires.

Le ministère ne dirait-il pas encore ici tout le contraire de ce qu'il veut dire ? Malgré les principes qu'il a posés plus haut, on peut tenir pour certain qu'il n'y a que ce qui tend à unir la famille qui la constitue et la fonde. Où l'inégalité des partages tend-elle ? à unir la famille ? voilà toute la question ; et, ainsi posée, le ministère lui-même ne soutiendrait pas l'affirmative : loin donc que le projet constitue et fonde la famille, l'homme collectif, il tend à la dissoudre comme il la dissoudra en effet ; il isole, et à tel point, que les différens âges ne peuvent plus se fondre ensemble : il fonderait tout au plus quelques noms, qui resteraient plus ou moins en évidence, et pas toujours pour leur gloire : mais fonder des noms ce n'est pas fonder des familles ; ce serait une bonne chose en soi, que ce ne serait pas encore le but que se propose le ministère.

Le but réel n'est donc pas de fonder la famille, de

2

former cet être collectif qui entretienne des traditions, des affections et des habitudes communes; mais de dissoudre la famille, d'en détacher un individu, et qui plus est de le détacher de la grande famille sociale pour le dévouer, à ce que l'on croit, au trône.

Mais la famille, que deviendra-t-elle? quelles seront les traditions, les habitudes, les affections de cette multitude de déshérités?

Quelle analogie y a-t-il jamais eu, même sous l'ancien régime, entre la partie royale du trône et le droit d'aînesse considéré comme son appui? A plus forte raison, quel service l'inégalité des partages peut-elle rendre au trône constitutionnel, à la royauté pure?

L'ancienne monarchie offrait un assemblage incohérent d'élémens opposés, un mélange confus de théocratie, de royauté, de despotisme, de féodalité et d'aristocratie; tous plus ou moins comprimés les uns par les autres, cependant assez vivaces pour produire à chaque instant des collisions dans l'État, et empêcher constamment l'administration de marcher vers son but, qui est le bien de tous.

L'action morale était purement théocratique; l'organisation politique était réellement féodale.

La féodalité avait constitué non la famille, mais la terre; l'homme, les plus grands noms, n'en étaient que l'accessoire.

Chaque domaine formait un état plus ou moins grand; le Roi lui-même était, avant tout, le chef d'un domaine féodal, et il n'était, par rapport aux autres grands propriétaires de fiefs, qu'un *primus inter pares*.

Chaque petit état, comme je l'ai déjà dit, avait sa

juridiction, son ressort, ses officiers, son administration, le droit de battre monnaie, de lever des hommes
de guerre, etc. Chacun de ces états acquit une telle indépendance qu'à peine formaient-ils une fédération sous
l'autorité du Roi.

La grande pensée de ce système était la conservation
de ces petits états; de là le droit de primogéniture; les
substitutions, les mouvances, les retraits féodaux, ligna-
gers, etc., etc.

Toute la société existait sur ce modèle; les pays d'états
y puisaient leurs droits; les établissemens des communes, que quelques hommes peu éclairés voudraient
rappeler aujourd'hui à leur ancien mode d'administration, avec leurs priviléges et leur indépendance, étaient
régis d'après les formes féodales.

On sait ce qu'un pareil état de choses produisit de
désordres; ce fut à la faveur de ces désordres que les
rois introduisirent dans les seigneuries, d'abord des
commissaires chargés de recueillir les plaintes des plus
faibles, qui sont toujours les plus nombreux, et qui de-
viennent toutefois les plus forts quand ils se sentent un
peu soutenus; ensuite les appels à leur juridiction. Ils y
introduisirent des répartiteurs, des percepteurs de con-
tributions, lorsque la création des troupes régulières en
eut nécessité le recouvrement.

Ce fut en traquant ainsi les seigneuries par leurs agens,
sous divers prétextes et par de bonnes raisons, que les
rois établirent successivement leurs pouvoirs dans le
régime féodal, de même que, par des appels comme
d'abus, ils parvinrent à réprimer une partie des usurpations du clergé.

D'autres moyens furent également employés avec succès par une politique adroite et constante pour subor-
donner ces corps puissans.

Mais, au fond, l'organisation de la société continua
d'appartenir à la féodalité. Cet ordre de choses n'était pas
ce qu'on peut appeler monarchie; seulement il s'y était
introduit une action monarchique; mais la constitution
de l'Etat, et en grande partie sa législation, étaient toutes
féodales; dans les derniers temps, c'étaient encore les
restes d'un gouvernement militaire féodal dont le droit
d'aînesse était la base. Dans cette position, si on avait
supprimé le droit d'aînesse, on aurait supprimé la féodalité; on aurait changé la constitution de l'Etat.

Or, la féodalité était-elle la monarchie? Non, car ce
qu'il y avait de royal, de monarchique dans l'Etat était
opposé à la féodalité; le droit d'aînesse, qui constituait
la féodalité, n'était donc ni un principe monarchique ni
un appui pour la monarchie. Cela est si vrai, que les
rois n'eurent un commencement de repos que quand ils
eurent détruit les grands fiefs; et s'ils ont pu se soutenir
avec les petits, c'est que ceux-ci n'avaient pas assez de
surface pour leur susciter des obstacles qu'ils dussent
craindre. Il n'en reste pas moins constant que les rois
ont régné, non soutenus par le droit d'aînesse, mais malgré le droit d'aînesse.

La révolution a dégagé la royauté de toutes ces entraves; elle l'a purgée de toutes les maculatures théocra-
tiques et féodales; elle a élevé tous les Français au rang
de citoyens égaux devant la loi. Le monarque n'est plus
roi de quelques seigneurs, qui étaient eux-mêmes des
rois au petit pied dans leurs domaines, il est véritable-

ment, et pour la première fois, roi de la France; et qui que ce soit n'a le droit d'opposer à l'action de son pouvoir, toujours dirigé par la loi, ni des droits personnels, ni des priviléges de famille.

Maintenant, quel rapport y a-t-il entre l'inégalité des partages, entre un droit d'aînesse, et la monarchie royale, la monarchie constitutionnelle?

Quels services les aînés rendront-ils au trône? Auront-ils à leur disposition des hommes d'armes, un ban, un arrière-ban? On voit bien comme l'adoption du projet mettrait l'Etat et la famille en dissolution; mais démêler comment ils peuvent être des appuis pour la monarchie, comment ils peuvent être utiles à la royauté, au Roi, à la dynastie, cela est impossible.

A quel besoin de l'Etat peut-on appliquer cette création d'aînés?

Administrateurs de domaines féodaux, les nobles, par eux ou par leurs agens, remplissaient une sorte de fonctions dans la société. Aujourd'hui tous les fonctionnaires agissent au nom du Roi, et sont salariés par le trésor public; les places appartiennent au mérite, l'avancement à la capacité et aux bons services, parce que tel est l'intérêt du roi et celui des peuples. Où donc est la place de ces aînés? Après avoir recueilli ce qu'il y avait de plus clair dans l'héritage de la famille, seront-ils encore privilégiés pour les emplois publics?

Qu'importe que ces aînés ne changent point et ne veuillent rien changer? Que seront-ils sous le rapport numérique dans la nation? Est-il vrai, comme le prétend le ministère, qu'ils ne voudront rien changer? et moi je dis qu'ils voudront toujours changer et tout changer.

Une classe d'homme privilégiés, dont l'État n'a aucun besoin, qui n'a point une place marquée dans l'État, veut absolument s'en faire une ; elle constitue une entreprise organisée contre la couronne et tous les intérêts généraux. Elle est une cause permanente d'inquiétudes, de troubles et de funestes innovations. Ce sont des aînés qui ont provoqué en grande partie les malheurs de la révolution ; ce sont des restes d'aînés qui, dans ce moment même, cherchent à faire prévaloir des doctrines et des projets qui agitent les familles et désolent la France.

C'est encore une idée tout à fait fausse que de présenter le droit d'aînesse comme un contrepoids aux richesses mobiliaires qui tendent même à leur insu vers la démocratie. Est-ce qu'il y a parmi nous une classe de possesseurs de richesses mobiliaires en face d'une classe de possesseurs de richesses immobiliaires ? Est-ce que la richesse mobiliaire ne tend pas sans cesse à se fixer sur la richesse immobiliaire ? Est-ce que dans la fortune des gens riches, les deux natures de richesses ne se trouvent pas constamment réunies ? Les richesses mobiliaires, qui tendent à la démocratie, sont-elles des richesses en l'air, ne consistent-elles pas dans des objets sensibles, palpables, quoique mobiles ? Et croit-on que ceux qui possèdent ce genre de richesses ne soient pas attachés au bon ordre qui leur en assure la conservation ? Ils ont même d'autant plus besoin d'un gouvernement protecteur, que leur propriété est plus susceptible de déplacement, de soustraction et de destruction. Que l'on juge si le ministère a la main malheureuse. Le grand moyen, le seul moyen peut-être d'isoler les fortunes

(23)

mobiliaires des fortunes immobiliaires, de subir par
conséquent la condition que le ministère prête aux fortunes mobiliaires, c'est encore l'inégalité des partages,
puisque toute la richesse immobiliaire tend à se concentrer dans quelques mains, de manière que la richesse
industrielle ne pourra plus en approcher.

Je ne répondrai à cette assertion, que la France monarchique, constitutionnelle et industrielle présente sous
ces rapports les trois causes qui appellent l'inégalité des
partages et les substitutions, que par ce peu de mots:

Le projet présenté est le coup le plus terrible qu'on
puisse porter à la royauté et aux prospérités de l'État,
par conséquent à la dynastie. Il les frappe également au
cœur : la royauté, parce qu'il désorganise la famille et
l'État; la prospérité publique, parce qu'il fera des aînés
des hommes inutiles, des oisifs, tandis qu'il enlève au
grand nombre des cadets les moyens d'exercer une grande
industrie. Le grand but sera donc rempli, de renverser
l'ordre constitutionnel, et de détruire cette tendance
industrielle, si profondément détestée par les ennemis
de la monarchie.

Qui nous a donc conduits à une telle extrémité? Je
n'ai cessé de dire aux constitutionnels, j'ai imprimé
même, dans le temps, que leur place était entre le trône
et un ministère qui n'avait ni plan ni but. Attachez-
vous, cramponnez-vous au trône, leur disais-je; c'est là
qu'est toute votre force; hors de là il n'y a qu'illusion
et déception. Accablés par les préventions et les calom-
nies, ils sont restés dans le vague avec les vues les plus
pures d'ailleurs et les meilleures intentions du monde,
ils ont perdu toute influence.

Des hommes étrangers à la révolution ; et qui après trente ans étaient parvenus cependant à trouver qu'il y avait du bon dans ses résultats, mais toujours incapables de bien juger de la révolution en elle-même, gens subtils qui, entre le bien et le mal, voulaient trouver quelque chose de mieux, nous ont valu la nouvelle loi des élections, en vertu de laquelle ils ont été mis de côté, et qui plus est comme révolutionnaires, dénomination qui devrait au moins les éclairer si elle ne les flatte pas, et s'ils la trouvent peu équitable.

Depuis ce temps, sous un gouvernement constitutionnel, les constitutionnels ont été renvoyés de partout et par tous moyens, avec une imperturbabilité qui ne s'est pas démentie ; nous avons été à grands frais donner la chasse aux constitutionnels en Espagne ; et je demande aux gens de bonne foi si c'est le pouvoir absolu du roi qui prévaut dans ce pays. Des journaux salariés, dit-on, pour cet objet, des journaux qui seront la honte éternelle de l'époque, attaquent sans miséricorde comme sans frein tous les principes d'ordre social, et particulièrement les principes de notre Gouvernement. Où est le foyer de cette conspiration vraiment effroyable !

Bien certainement des hommes qui ne croient à rien ont tenu et tiennent à peu près ce langage : Nous voulons être tout dans l'Etat ; il faut, à quelque prix que ce soit, que notre volonté s'accomplisse. Ils veulent gouverner les hommes avec de la raison, et un homme seul ne peut se gouverner lui-même. Les hommes sont un troupeau qui, en définitive, appartient aux plus audacieux ; n'en avons-nous pas eu un exemple encore tout récemment? Ayons donc de l'audace ; mais sur quoi nous appuierons-nous? Sur le trône, sur le Roi? Non; les rois veulent aussi être les maîtres; c'est aux rois que nous devons l'annulation des grands et la répression du clergé; le trône ne peut être pour nous qu'un prétexte. Sera-ce sur la religion de l'Évangile? Une loi de mansuétude et d'amour ne nous convient nullement; elle est pour tout le monde; c'est de l'égalité. Sera-ce sur l'autel de l'Église romaine? Il y a là une hiérarchie, une organisation, souvent de grandes vertus; c'est de l'ordre et du bien; notre marche est contraire. Les prêtres d'Égypte étaient une merveilleuse institution; les prêtres d'Égypte sont ceux qui ont le mieux entendu l'art de subjuguer, d'abrutir les peuples, de dominer les rois; de les tenir même en charte privée; ayons recours aux prêtres d'Égypte, c'est-à-dire aux jésuites. Les jésuites ont une existence tout intérieure, toute à eux; ils ont leurs mystères, leurs associations, leurs affiliations, leurs initiations; ils ont ravalé la religion, non pas seulement à une idolâtrie, mais à une sorte de fétichisme; ils ont toujours compté parmi eux des hommes d'un machiavélisme qui ne redoute rien, des enthousiastes, des dupes et des fanatiques. Voilà le seul appui sur lequel nous pouvons fonder une résolution hardie.

Lorsqu'une action est régulière, soutenue, manifeste, on a le droit d'en conclure qu'elle est le résultat d'un plan, que ce plan a des auteurs; mais quels sont-ils? où sont-ils? Je n'en sais rien. Les ministres sont-ils dans le secret? Je ne le sais pas davantage.

Mais l'expérience nous a appris, par de trop nombreux exemples, qu'il y a des hommes capables d'assez d'aveu-

glement pour croire qu'ils servent bien le Roi en se
soumettant à une semblable influence, et qui ne seront
point ébranlés tant que le mal ne sera point au comble ;
alors ils ouvriront les yeux, et ils crieront plus haut
que les autres, comme cela arrive ordinairement.

Quels que soient les véritables auteurs de cette singulière entreprise, ils devraient bien se persuader
que la France ne restera pas sous le joug des jésuites ;
que tout n'est pas encore sous leur main ; que, plus
ils vont vite, plus tôt ils rencontreront leur Moskow,
leur Roptopkin, et les tempêtes que préparent le choc
d'élémens contraires. Alors la royauté, le Roi, la dynastie, la nation sortiront avec un nouvel éclat de l'abîme
où l'on aura essayé en vain de les précipiter.

Je me résume dans ce peu de mots : le ministère veut
donner à la monarchie des appuis empruntés à la féodalité et à la théocratie ; nous pensons au contraire que ce
sont là autant d'atteintes portées à la monarchie et à la
royauté, attendu que la féodalité est une loi de privilége pour quelques uns, tandis que la royauté est une
loi de justice pour tous. Il y a incompatibilité ; quatorze
siècles de notre histoire le prouvent ! Aussi toutes les
conséquences du projet sont-elles destructives de la
royauté, sortie des événemens si majestueuse et si
pure.

Je ne puis mieux faire connaître, peut-être,
la différence de vues qui peut exister entre les constitutionnels et les prétendus royalistes, sur les garanties
et les appuis qu'il convient de donner au trône, qu'en
reproduisant ici ce que j'ai publié sur ce même sujet

en 1819 (1). D'ailleurs le rapprochement de ce que je disais alors sur la marche du Gouvernement avec les circonstances actuelles , ne sera peut-être pas sans intérêt.

§. VII.

De nos Institutions.

L'intelligence et le raisonnement substitués aux traditions et aux préjugés, les droits à la force, l'utilité publique à tous les genres d'usurpation, en un mot, de la raison partout, tels doivent être les premiers élémens de nos institutions; mais ces élémens, il faut leur donner de la consistance, un corps et des organes, je dirais presque, des passions.

Une grande puissance de moyens est nécessaire, surtout après de violentes commotions, pour réagir d'abord contre les vices inhérens à la nature humaine, ensuite contre des excès qui appartiennent aux circonstances, contre les intérêts particuliers, les intérêts de famille, les vues d'ambition personnelle, les entreprises des partis, les erreurs et les préventions des hommes puissans, les égaremens du pouvoir lui-même, et contre l'empire de certains événemens qui trop souvent viennent déranger tous les calculs de la plus sage prévoyance.

Je ne crois pas que, même encore aujourd'hui, on con-

---

(1) Situation de la France considérée sous le rapport politique, religieux , etc. — Décembre 1819.

sidère la révolution française dans tout ce qu'elle a de plus imposant et de plus difficile. Ce grand événement, pour être utilement et sagement consommé, eût exigé des méditations non interrompues, ainsi que les travaux les plus assidus et les plus opiniâtres. Anéantir dans un pays tout ce qui constitue son organisation politique, morale, religieuse, administrative, civile, judiciaire, économique ; faire, comme on l'a déjà dit, d'un état une table rase : une telle hardiesse imposait la tâche la plus effrayante. On ne pourra concevoir son immensité qu'en se rendant un compte exact de la place qu'occupait dans l'ordre social chaque pièce détruite, et du service qu'elle y rendait : car il faut se persuader que, même parmi les plus mauvaises, il n'y en avait pas une qui ne rendît un service quelconque. Que d'attention, que d'art, d'habileté et de lumières il eût fallu pour soutenir à l'instant chaque partie ébranlée, et pour écarter à l'avenir toute espèce d'abus !

Voilà donc des travaux pénibles autant qu'indispensables ; et personne n'a jamais eu le temps ou la faculté de s'en occuper. La guerre étrangère, la guerre civile, les catastrophes, les usurpations, les restaurations sont venues tour à tour provoquer des excès, dénaturer les idées, déplacer les hommes, encourager des entreprises en sens inverse du grand événement : rien de fixe, rien de stable, sinon la pensée d'un gouvernement réglé par des lois, qui est toujours restée imperturbablement gravée au cœur de la nation.

Ceci nous expliquerait comment nous ne sommes pas plus avancés ; si nous étions assez heureux pour être au moins restés stationnaires! mais hélas! nous n'avons pas cette consolation. Il est maintenant évident, même pour les yeux les moins clairvoyans, que nous reculons dans la contre-révolution avec une effrayante rapidité, sans qu'on puisse prévoir comment nous rentrerons dans les voies constitutionnelles. Comment cela a-t-il été possible, après une expérience de trente ans? Cette possibilité appelle toutes nos réflexions. Après trente ans, nous retrouver au point de départ, toujours aux prises avec les mêmes obstacles, en face des mêmes ennemis! quelle preuve plus forte pourrait-on donner de l'insuffisance de nos institutions? Mais en quoi sont-elles insuffisantes?

Avant de me livrer à cette recherche, je dois faire quelques observations sur la disposition d'esprit qui nous a laissés dans un abandon tel, que la connaissance que nous avons des intentions et des moyens de nos ennemis, ne nous suffira pas pour nous préserver des nouvelles ambûches qu'ils nous dressent.

La première de ces observations rentre dans celle que je faisais tout à l'heure relativement à la généralité des objets que renferme la révolution française. Nous nous trouvons, à cet égard, dans une position si nouvelle, qu'aucune époque des âges antérieurs n'en offre une semblable. Ce qui a existé, ce qui existe ne nous offre ni exemples, ni modèles. L'esclavage d'une portion de la population était en vigueur chez tous les peuples de l'antiquité; tous les états modernes sont encore couverts des priviléges de la naissance et des chaînes de la féodalité; nous seuls offrons le spectacle de citoyens égaux devant les lois, de propriétés dégagées de toute espèce d'entraves. Dans un tel état de choses, notre expérience ne nous fournit que des leçons négatives, c'est-à-dire, qui nous apprennent tout au plus ce qu'il ne faut pas faire. Celui-là ne retirera aucun fruit de ses méditations, qui n'en prendra pas, pour le sujet, cette singulière et première difficulté.

Il est des façons de parler devenues triviales à force d'être répétées, qui sont regardées comme des vérités, parce qu'elles sont devenues triviales, et qui peuvent, dans de grandes occasions, exercer une influence d'autant plus étendue, que, par l'effet de l'habitude, personne ne songe à les contester. Dans le nombre, il faut compter cette espèce de maxime, que *rien n'est si facile que de détruire; mais que le grand art est de rédifier*. Rien n'est moins vrai que cette prétendue vérité, au moins en politique. Sans doute il est difficile d'édifier, et surtout de faire juste, en fondant le nouvel édifice d'une organisation sociale; mais il est démontré pour moi que la difficulté la plus insurmontable est de détruire. Un édifice n'est bâti que quand il est achevé; de même, l'on n'a détruit qu'autant que ce qu'on a voulu détruire a disparu. Or, il y a trente ans que l'on détruit l'ancienne monarchie, sans en venir à bout : les décombres de cette ruine sont encore partout pour faire obstacle à la continuation, au perfectionnement et à l'achèvement du nouvel édifice; souvent ils prennent la place des matériaux, et même des ouvriers.

Un habile architecte aurait choisi dans ces démolitions les parties qu'il pouvait employer utilement; le surplus eût été aussitôt mêlé et confondu dans les masses qui environnent et supportent l'édifice. Ou l'architecte nous a manqué, ou il n'y avait point d'habileté qui pût prévoir et surmonter la force des résistances et des événemens. Mais il n'en est que mieux démontré qu'il n'est pas si facile de détruire qu'on le pense; qu'il reste encore aujourd'hui trop de l'ancien régime, pour que l'on puisse jouir en paix des bienfaits du nouveau.

J'arrive, par cette dernière observation, à une autre disposition préparatoire, sans laquelle le gouvernement constitutionnel ne peut faire aucun progrès. Il faut le répéter sans cesse, on ne peut établir un régime nouveau qu'avec des agens qui aiment ce régime, qui le comprennent, qui y soient profondément dévoués. Combien la France compte-t-elle d'agens du pouvoir qui aient véritablement ce dévouement pour notre régénération? C'est une dérision! Il faudrait cependant encore s'entendre sur cet article, si l'on en vient enfin à reconnaître la nécessité d'abandonner toutes les erreurs qui désolent la patrie, pour asseoir un ordre de choses durable.

Tout bon esprit concevra aisément que le Gouvernement, disons avec plus de franchise et de clarté, que la dynastie, que le Roi ne pouvait assez rapprocher de sa personne et de l'action de son pouvoir les hommes qui avaient été employés dans le cours de la révolution (a.), parce qu'à des sentimens non équivoques, ils joignent une expérience que rien ne peut remplacer. Mais, d'un autre côté, à en juger par ce qu'on voit, il paraît que les ministres ou autres conseillers peuvent être pris parmi ceux qui n'ont servi que l'empire, tandis qu'on ne peut pas convenablement accorder la même confiance aux citoyens qui n'ont servi que la patrie.

En admettant que toutes les difficultés fussent senties, que les agens du pouvoir fussent ce qu'ils devraient être, que nous pussions obtenu de bonnes lois sur le jury, sur une organisation départementale et municipale, sur la garde nationale, et sur la responsabilité des ministres, y aurait-il entière sécurité ; et le Gouvernement, dans l'ensemble des diverses parties de sa composition, présenterait-il des garanties suffisantes d'ordre et de stabilité?

Notre consistance sociale se compose d'un roi héréditaire, d'une Chambre de pairs aussi héréditaires, d'une Chambre élective des députés, d'une armée de terre et de mer, de ministres, d'agens du pouvoir, d'administrations déparmentales et locales, de tribunaux pour rendre la justice ; mais comme les tribunaux n'ont aucune attribution politique, je ne les prends point en considération dans cet examen (*b*).

Je ne vois dans cet ensemble que trois parties qui aient de la fixité : la royauté par l'hérédité, la chambre des pairs par la même cause, l'armée par son organisation, et parce que l'officier conserve son titre et son rang, à moins d'un jugement. Je n'en trouve que deux qui, par leur nature, soient en permanence : la royauté et l'armée; car la Chambre des pairs, comme la Chambre des députés, n'a d'existence réelle que pendant les sessions. L'art. 26 de la Charte porte : «Toute assemblée de la Chambre des pairs, qui serait tenue hors des temps de la session de la Chambre des députés, ou qui ne serait pas ordonnée par le Roi, est illicite et nulle de plein droit. » L'art. 50 est ainsi conçu : « Le Roi convoque chaque année les deux chambres ; il les proroge, et peut dissoudre celle des députés des départemens, etc. » Les ministres sont amovibles ; il en est de même de leurs agens. Ce qu'on appelle le conseil d'état n'est qu'un établissement équivoque, que l'on aperçoit à peine ; les administrations locales ne se réunissent en partie que par les ordres du Gouvernement, et pour le temps qu'on leur assigne ; elles sont d'ailleurs sans attribution, relativement à la conduite générale des affaires ; elles n'ont d'autre faculté que de vérifier des comptes, de faire des répartitions d'impôts, de désigner des travaux à faire, et de consigner des observations sur un registre.

Ainsi, dans l'intervalle des sessions, nous voyons, d'un côté, le Roi et l'armée ; de l'autre, la nation, c'est-à-dire une multitude d'êtres isolés qui ne pourraient avoir de force que par suite d'un affreux désordre. Voilà donc un espace immense que rien ne remplit. Il n'existe aucun moyen régulier et légal d'éclairer le Prince sur les écarts de ses agens, sur les suggestions et les obsessions de l'erreur, de l'intrigue et de l'ambition, aucun moyen de calmer, par la confiance qu'inspirent des institutions intermédiaires sagement conçues, une population qui s'irriterait. Je parle pour d'autres temps ; car c'est essentiellement à l'avenir qu'il faut songer dans les établissemens que l'on fonde.

Je suppose qu'un ministre perfide, sous prétexte de troubles qu'il aurait préparés, de complots qu'il aurait imaginés, oubliât de convoquer les chambres : comment provoquer cette convocation ? Où serait même la force morale qui pourrait en rappeler le devoir ?

Dira-t-on que le besoin de l'impôt est une garantie contre une entreprise aussi criminelle! Eh! ce principe est reconnu depuis trente ans; il est consacré par toutes nos constitutions. En avons-nous moins vu établir des impôts par des décrets impériaux?

Sans précisément recourir à une résolution aussi violente, les ministres n'ont-ils pas mille moyens de tromper le Prince, de lui inspirer des défiances et des alarmes, de lui présenter sous des jours odieux les objets qui leur déplaisent ou qu'ils redoutent? Qui pourrait offrir un contrepoids à leurs trames? Ne seront-ils pas environnés du plus profond silence, s'ils le commandent? Mille voix, au premier signal, ne viendront-elles pas renforcer la leur? Leurs agens, qui ne voient sur la terre aucun point d'appui contre la soumission qu'on exige d'eux, ne seront-ils pas les exécuteurs aveugles et dévoués de leurs ordres? Il ne faut pas se le dissimuler, dans le nombre, il s'en trouvera bien quelques uns d'un honorable caractère; mais ils seront rares, et leur héroïsme encore n'aboutirait qu'à les faire chasser. Mais il faut prendre les hommes comme ils sont : vous ne pouvez pas compter sur des agens qui ont concentré leur ambition, ou dont toute l'existence se trouve dans un emploi; qui, en les supposant capables de quelque courage, trouvent encore en eux-mêmes cette excuse, que tout sacrifice de leur part serait sans utilité.

Des ministres placés entre le Prince qui ne peut voir que par leurs yeux, et des agens dont le sort est dans leurs mains, seuls revêtus d'un grand pouvoir! une position aussi dangereuse peut les enivrer, et inspirer à leur ambition mille projets sinistres.

Hommes, avant tout, sujets à toutes les faiblesses de leur nature, entourés eux-mêmes de flatteurs et d'intrigans, ajoutant à cette suffisance, trop naturelle à notre espèce, la suffisance, bien plus grande, que donne le pouvoir, disposant de tout, l'administration prendra bientôt la couleur de leur caractère et de leur entourage. Telle loi les gêne, elle sera changée; cette institution les blesse, il faut qu'elle soit détruite; une conception ridicule ou fatale est favorable à leurs vues, elle sera réalisée; et comme ils peuvent rencontrer des obstacles dans les corps délibérans, tout sera préparé d'avance ou pour en dénaturer la composition ou pour les subjuguer : l'intrigue, l'imposture, la calomnie, la diffamation seront employées, soit pour écarter la probité qui incommode, soit pour rapprocher la bassesse qui rampe et obéit.

Les ministres sont amovibles. En supposant qu'il s'en trouve un ou quelques uns dignes de la confiance du Prince et de l'estime de la nation, leurs successeurs peuvent être mauvais; ou au moins ils n'auront ni les mêmes idées, ni les mêmes plans : dès lors, plus de suite dans les opérations, par conséquent plus de force, plus de stabilité; nous retombons, à cet égard, dans les inconvéniens de l'ancien régime. Or, la mobilité des êtres et l'instabilité des projets ont fait plus de mal encore que l'inexpérience et l'inhabileté.

C'est un principe consacré par la Charte que les ministres sont responsables. Comment parvenir à effectuer cette responsabilité? Qui observera leur conduite? Qui dénoncera leurs infidélités, leurs exactions? Qui réunira en un corps de preuves les faits épars qui constituent une prévarication, une conspiration? Qui suivra les traces de leurs iniquités; et quel est l'organe toujours pur, toujours inflexible, qui portera et qui poursuivra l'accusation? Leurs agens! ils seraient bien plutôt leurs complices; les citoyens qui ont à se plaindre! dispersés sur un vaste territoire, leurs plaintes vont droit à l'autorité qui les a fait naître; la chambre des députés! qui fournira à chacun de ses membres les documens nécessaires? Comment les emploieraient-ils? S'ils parvenaient à réunir un corps de preuves; le terme de leur mission arrive, ou la dissolution de la chambre sera prononcée.

Que dire d'agens que rien ne protège, qui, selon leur grade, sont exposés à tous les caprices, à toutes les fantaisies de leurs chefs, surtout à des époques critiques, qui ne sont des objets d'affection qu'en raison de leur soumission et de leurs complaisances. Sans doute il y a des chefs très respectables et des subordonnés très dignes; mais on le doit aux qualités de l'individu, et non aux garanties que donnent les établissemens. Il n'est pas juste et il est trop dangereux de courir de semblables chances. Toute création politique doit offrir des gages à la probité, et des châtimens pour ceux qui lui sont infidèles. Rien ne doit être confié à l'arbitraire des chefs qui peuvent se tromper ou être trompés, ou qui se laissent égarer, soit par le défaut de lumières, soit par suite d'un caractère fâcheux. La dégradation des subordonnés en est la conséquence nécessaire : tout devient intrigue, fausseté, manœuvres insidieuses dans un tel état de choses. Mais quel est le sort des administrés que la loi place dans des rapports nécessaires avec des agens qui ne sont occupés qu'à se conserver, et qui ne voient dans l'accomplissement de leur devoir que le plus indifférent des moyens qui peuvent les conduire à ce but.

J'avoue que plus je contemple cet état de choses, plus je reste effrayé de cet isolement, de cette mobilité, qui livrent tout au pouvoir, et plus encore du pouvoir livré à lui-même, lorsqu'il peut se réduire à un seul agent, qui ne rencontre nulle part aucune résistance, aucun frein, aucun avis nécessaire, rien même qui l'oblige à prendre les conseils du temps. Je ne puis voir là rien de fixe. Dans un tel état de choses, il faut passer alternativement, et toujours, du despotisme à l'anarchie, et de l'anarchie au despotisme.

On me dira peut-être que je parle comme les chefs des ultra-royalistes, qui remarquent aussi les mêmes inconvéniens, qui les expriment dans les mêmes termes, i j'en juge par une citation insérée dans le *Constitutionnel :* d'où ils concluent qu'il faut rentrer dans l'ancien régime, recréer les grandes propriétés, rétablir l'aristocratie, ses prérogatives, ses priviléges, etc.

Si les ultra-royalistes, en examinant une toise, trouvaient qu'elle a six pieds, dont chaque pied est de douze pouces, je serais bien obligé, en faisant la même vérification, de reconnaître le même résultat ; mais s'ils concluaient qu'il est plus sûr de mesurer les distances à vue d'œil qu'avec une toise, vu qu'elle peut n'être pas exacte, je ne serais plus de leur avis. En effet, de ce que nos institutions laissent à désirer, en conclure qu'il faut se refugier sous le régime que ces messieurs nous préparent, cette manière de raisonner ne me paraît nullement convaincante (c).

Je conviens cependant que sous l'ancien régime le

pouvoir rencontrait beaucoup d'obstacles, et qu'il en rencontrait partout; mais ces obstacles avaient pour principe ou des usurpations ou des intérêts particuliers; ils n'offraient ni un appui au pouvoir, ni des garanties à la nation; ils étaient plus souvent un mauvais exemple, une cause de désordre, qu'un moyen de ramener toutes les volontés à un but commun; ils présentaient presque toujours une lutte plus ou moins violente entre des prétentions mal définies : lutte qui n'avait ordinairement d'autre effet que d'entraver le Gouvernement dans le bien qu'il voulait faire, parce qu'encore une fois tous ces obstacles avaient pour cause des intérêts opposés à ceux de la masse de la population; s'il arrivait qu'ils lui fussent utiles, ce n'était qu'indirectement et comme par hasard.

Pour replacer la nation sous le joug de la terre et de quelques grands propriétaires, il faudrait d'abord recomposer de grandes propriétés. Comment y parvenir sans envahir le nombre immense des propriétés petites et moyennes, l'un des grands résultats d'un régime qui compte déjà trente ans de durée : car s'il faut attendre, pour jouir du système ingénieux et bienfaisant de la grande propriété, qu'elle soit reformée par le rétablissement du droit coutumier ou de la féodalité, ce qui est tout un, les générations actuelles n'auront que des regrets à exprimer, et peut-être quelques calamités ou même des bouleversemens à essuyer par suite de l'absence de cet élément d'ordre. Il ne suffirait pas encore de replonger les esprits dans une profonde ignorance, d'arrêter l'élan des arts, de bannir l'industrie, de défendre le commerce; il faudrait à l'instant, et comme

par enchantement, enlever lumières et richesses à la
totalité du peuple, détruire aussitôt les traces des progrès de la civilisation, comme habits, ameublemens,
maisons, monumens, etc............; mais surtout il fau
drait étouffer dans l'esprit humain jusqu'au germe de
ces grands développemens dont il est malheureusement
susceptible : car, si nous ne reculons si loin que pour
revenir au point où nous sommes, autant nous y laisser.
Que l'esprit de parti est absurde avant même, d'être
atroce !

Je ne pense donc pas que ce soit dans l'ancien régime
qu'il convienne de chercher le complément de notre organisation.

J'oserai proposer quelques idées sur un si grand sujet;
je passe d'avance condamnation sur ce qu'elles peuvent
avoir d'insuffisant, même de ridicule; mais il y a un
point sur lequel je ne transigerai point : c'est qu'il est
d'absolue nécessité de remplir le vide que je viens de
signaler; là est la cause de bien des maux passés et de
nos maux présens : le remède ne peut être ni trop prompt
ni trop efficace.

§ VIII.

Des Institutions ou grands Corps intermédiaires.

Je les appelle ainsi, parce qu'elles sont destinées à
remplir le vide qui se trouve entre le trône et la nation,
en établissant des rapports journaliers de bienveillance
d'une part, et de confiance de l'autre.

Les institutions intermédiaires sont sans cesse en observation : elles écoutent, elles recueillent, elles donnent

dès avis; elles ne commandent jamais; elles sont tout
yeux, tout oreilles; elles parlent; elles n'ont point de
bras pour frapper : placées entre le pouvoir et la nation,
elles ne seront ni un obstacle pour l'un, ni un appui
pour la résistance de l'autre : leur influence doit être
purement morale.

Elles sont destinées, par leur fixité, par leur immobi-
lité, à corriger la nature de l'homme, qui naît, croît et
périt; qui est plus instable encore dans sa pensée que
dans son existence physique. L'hérédité elle-même n'est
point à l'abri de ces inconvéniens : la jeunesse, la maturité, la vieillesse, sont trois chances attachées à la vie du
Prince, qui peuvent tour à tour, en influant sur son esprit et son caractère, changer la physionomie d'un gouvernement, si l'on n'a pas, d'ailleurs, avisé aux moyens
de prévenir ces altérations. Les institutions intermédiaires doivent donc être conçues de manière que, toujours dans la vigueur de la maturité, elles n'aient à redouter ni les dangers de l'inexpérience, ni la fougue du
jeune âge, ni les faiblesses de la décrépitude.

Créées comme parties intégrantes, comme parties nécessaires d'un gouvernement qui n'a pour but que le
bonheur des peuples, et qui ne peut atteindre ce but que
par le développement de toutes les lumières et le perfectionnement de toutes les existences, les institutions intermédiaires sont le foyer où doivent se réunir tous les
rayons de l'esprit, comme le flambeau qui doit éclairer et
diriger tous les actes du Gouvernement.

Remarquez, en effet, que tous les efforts que l'on tente
pour éclairer les gouvernemens et les administrations,
sont à peu près inutiles : la suffisance des hommes puis-

sans et surtout de la médiocrité, qui trop souvent les entoure ; l'indifférence, les dédains du pouvoir, qui veut toujours croire que la capacité est en raison des titres, écartent tous les conseils. Cela est si vrai, que, jusqu'à présent, les écrits ont pénétré dans toutes les classes un peu instruites de la société ; ils les ont traversées en quelque sorte, et ne sont parvenus à l'autorité qu'après avoir formé une masse d'opinions. Les gouvernemens n'ont peut-être pas encore imaginé que c'est là une absurdité et un inconvénient. Il est donc dans la nature de notre état social actuel, qu'il y ait auprès des gouvernemens un organe dont la fonction soit de recueillir toutes les vérités, de reconnaître toutes les conceptions utiles.

Il est une autre observation non moins importante, qui naît de la position relative des agens du Gouvernement et des citoyens. Incontestablement les premiers ont envers la société des obligations beaucoup plus grandes à remplir. Où est la surveillance de leur exécution? Il suffit que les citoyens exécutent les lois : ce n'est pas assez pour les agens du Gouvernement ; ils doivent être soumis à une discipline et à une discipline sévère.

Mais ce qui intéresse surtout à un haut degré le présent, l'avenir, c'est que tous les actes qui émanent de quelque autorité, de quelque établissement que ce puisse être, soient conformes aux lois fondamentales de l'État : il faut donc une puissance d'opinion organisée qui signale ceux de ces actes qui y seraient contraires, et qui appelle le châtiment sur les infracteurs de ces lois : des institutions intermédiaires rempliront cet office ; un tel besoin en exigerait, seul, la création.

Les institutions intermédiaires, par la nature de leur

conformation, touchent au trône par une de leurs extré-
mités, et par l'autre, aux portions les plus éloignées et
les plus humbles de la société : elles sont donc destinées
à maintenir une communication habituelle entre toutes
les parties de l'État.

Je vais essayer de donner une idée de l'organisation
de ce que j'appelle institutions intermédiaires. On sent
que je ne puis indiquer que des masses, sans m'arrêter
aux détails; ce qui me conduirait au delà des bornes
que je me suis prescrites pour cet ouvrage. D'ailleurs,
si je parviens à exprimer avec quelque clarté ce que je
conçois, on jugera facilement le degré d'utilité de mes
propositions.

Organisation des Institutions intermédiaires.

Je divise l'administration générale, 1° en administration politique et diplomatique; 2° administration militaire; 3° administration civile; 4° administration des
deniers publics; 5° administration de la justice; 6° administration de l'instruction publique.

Je forme de chacune de ces branches, sous la dénomination qui lui est propre, un grand collége : ainsi, on
dirait : le grand collége de l'administration civile, de
l'administration militaire, etc....

Tous les employés d'une administration seraient membres du grand collége, et formeraient des classes selon
les grades, ou par assimilation. Par exemple, les préfets
formeraient une classe; on leur assimilerait les maires
des villes les plus populeuses du royaume, etc...

Je place à la tête de chaque collége, mais en dehors

de l'administration, un haut conseil de doctrine et de discipline. Ce conseil est composé de membres inamovibles. A sa tête, sous le nom de *modérateur*, est un chef revêtu d'un des premiers titres de l'État : comme celui de duc paraît être le plus relevé, je l'adopte. Je suis fâché qu'on ait attaché cette importance à d'anciens titres nobiliaires féodaux ; mais enfin, puisque cela existe, il faut s'en contenter : ainsi donc, les chefs de ces hauts-conseils seraient désignés sous les titres de ducs, modérateurs des hauts-conseils, etc....

Au-dessus de ces hauts-conseils, j'établis deux autres conseils, sous le nom : l'un, de *conseil suprême de doctrine et de gratitude publique ;* l'autre, de *conseil suprême de discipline et de protection.* Les chefs de ces conseils auraient le titre de *grand duc, modérateur suprême du conseil suprême de,* etc.

Les membres de ces conseils sont inamovibles.

Attributions.

Les attributions du conseil suprême de doctrine et de gratitude publique sont, entre autres choses, de marquer dans les ouvrages de morale, de politique, de législation et d'administration, les pensées neuves qui avancent la raison humaine, et qui peuvent être introduites, soit dans la législation, soit dans l'administration ; d'en recommander les auteurs tant aux récompenses du Gouvernement qu'à la reconnaissance publique.

Il reçoit la communication des projets du Gouvernement, afin de reconnaître s'ils sont conformes aux saines doctrines généralement reçues, et surtout aux lois fondamentales. Eu cas de non-communication, il peut les examiner de son propre mouvement, et faire part de ses observations aux .ninistres. Il ne peut arrêter l'exécution des actes du Gouvernement; mais si ces actes portent atteinte, soit aux lois constitutionnelles, soit aux droits individuels, il les défère aux chambres, et peut demander l'accusation de leurs auteurs.

Il surveille la tendance des administrations, sous le rapport de la constitutionnalité, l'esprit qui dirige les ministres des différens cultes, et signale au Gouvernement les écarts qu'ils se permettraient; il surveille pareillement, sous le rapport de la moralité, des doctrines et de la constitutionnalité, la marche de l'enseignement dans les établissemens d'instruction publique.

Il reçoit toutes plaintes, avis, observations des particuliers, des divers préposés et des corps, soit pour y faire droit, s'il en a la faculté, soit pour les transmettre au Gouvernement avec son avis.

Il est, relativement aux attributions des hauts conseils des grands colléges, tribunal suprême, soit pour appuyer, soit pour critiquer ou infirmer leurs décisions, selon leur nature.

Le conseil suprême de discipline et de protection prend connaissance des actes et des actions des hauts fonctionnaires, ministres, ambassadeurs, etc..... Il note ce qui est contraire à la délicatesse et au devoir; il en donne connaissance, selon la gravité et la nature des faits, soit au Roi, soit aux Chambres.

Il est tribunal suprême, relativement à toutes les décisions de discipline portées par les hauts conseils de doctrine et de discipline des grands colléges.

Les hauts conseils de doctrine et de discipline des grands colléges embrassent toutes les parties dont les administrations se composent, leurs rapports avec le Gouvernement, avec leurs subordonnés, avec le public.

Les hauts conseils déterminent d'abord l'organisation morale de l'administration qui leur est subordonnée; ils recueillent toutes les lumières qui la concernent, soit dans les écrits que l'on publie; soit dans les renseignemens qui leur parviennent.

Aucun changement ne peut être fait, aucune loi ne peut être proposée sans prendre leur avis. Je voudrais qu'un avis contraire n'empêchât point les ministres de présenter leurs projets de loi, ou d'exécuter, soit des ordonnances, soit des arrêtés; mais, dans le premier cas, ils seraient tenus de faire connaître aux Chambres l'avis du haut conseil, de donner communication de ses motifs; dans le second, le haut conseil peut déférer, soit au conseil suprême, soit aux Chambres, les actes qui blessent les lois fondamentales, le bon ordre ou le droit des particuliers.

Ce haut conseil reçoit les plaintes du public contre les employés, et les plaintes de céux-ci relativement aux injustices ou aux désagrémens non mérités qu'ils éprouveraient de la part de leurs administrations; il surveille leurs actes et leurs actions, sous le rapport de la constitutionnalité et du respect dû au public; il fait connaître à l'administration les torts qu'il constate, ou les moyens de justification qu'il admet. Si l'administration agit dans un sens opposé de ces décisions, le haut conseil peut déférer la conduite de l'administration aux ministres; si les ministres n'ont point d'égard à ses observations, ils peuvent eux-mêmes être déférés aux Chambres par le haut conseil.

Pour comprendre cette théorie, il faut bien se pénétrer de l'idée que je ne voudrais pas que les hauts conseils ni les conseils suprêmes eussent d'autre pouvoir qu'un pouvoir moral, parce qu'ils doivent concourir à diriger toutes les parties du Gouvernement, sans faculté pour les entraver dans la chose même qui paraît être essentiellement de leur ressort, c'est-à-dire dans le personnel des grands colléges. Le haut conseil a le droit de déclarer que tel est exclu du grand collége, et a cessé d'en être membre, par suite d'une faute assez grave pour mériter une telle réprobation. Le Gouvernement pourra continuer à employer l'individu, quoique ayant cessé d'être membre d'un grand collége; mais le haut conseil pourra déférer le fait au Roi directement, et aux Chambres.

Les décisions et les avis des hauts conseils seront généralement soumis à la révision des conseils suprêmes.

Au reste, les attributions des conseils suprêmes et des hauts conseils seraient tout ce qu'on voudrait, tout ce que le besoin de chaque jour et l'expérience indiqueraient. Je pense qu'ils ne doivent avoir qu'un pouvoir moral; mais quel pouvoir? Lorsqu'ils auront déclaré, je suppose, qu'un employé est indigne de faire partie d'un grand collége, est-il vraisemblable que l'autorité s'obstinera à lui accorder quelque confiance; et s'exposera-t-elle à voir sa conduite déférée au Roi et aux Chambres, pour soutenir un mauvais sujet et un individu flétri?

Mon but n'a pas été de donner tous les développemens dont sont susceptibles des établissemens qui embrassent autant d'objets, et qui sont destinés à occuper un aussi vaste espace. Il me suffit que l'on comprenne bien deux choses : la première, que le vide que l'on remarque dans nos institutions est la cause de nos maux actuels, et qu'il en amènera beaucoup d'autres ; en second lieu, que des institutions morales, telles que celles dont je viens de donner une idée, peuvent remplir très heureusement ce vide.

Il me semble, ou je me fais une étrange illusion, que tous les vices, tous les dangers que j'ai signalés plus haut, sont prévenus au moyen de telles institutions ; et il me semble encore qu'indépendamment d'une surveillance qui embrasse tous les services publics, et qui force tous les agens du pouvoir, depuis les ministres jusqu'au dernier employé, à s'observer de la manière la plus rigoureuse, les institutions intermédiaires offrent bien d'autres avantages :

Elles forment le cortége naturel du Prince. Habituellement en activité, elles sont l'un des premiers corps de l'Etat ; elles enchaînent comme elles modèrent toutes les branches de l'administration ; elles représentent à la fois, à côté du Prince et aux yeux de la nation, l'ordre et la lumière ; les membres de ces institutions doivent donc être désormais les grands officiers de la couronne et les colonnes des droits nationaux : ce qui est dans une analogie parfaite avec l'état actuel des sociétés.

Quand les peuples n'existaient que pour un maître, le service personnel de ce maître était tout, puisque tout était subordonné à sa satisfaction et à ses jouissances. Les hommes consacrés à ce service étaient les premiers de l'Etat et les plus hauts dignitaires : aussi il y avait des grands officiers pour la bouche, il y en avait pour les cuisines, pour la table, pour la cave ; il y en avait pour la garde-robe, pour les grandes et petites écuries, pour la chasse, etc., etc........ Aujourd'hui, que les gouvernemens paraissent ne devoir être établis que pour le bonheur des peuples, ce sont les élémens de ce bonheur qu'il faut honorer et distinguer : c'est donc une conséquence nécessaire, que les grands dignitaires ne représentent plus les besoins physiques du Prince, mais les besoins de son cœur, qui ne doit vouloir que le bien et la prospérité des peuples, que les besoins de la nation, qui veut la justice, l'ordre et la liberté : les moyens de satisfaire ces besoins sont l'intelligence, les lumières, l'expérience et une grande moralité.

Je répondrai d'avance aux personnes qui voudraient un gouvernement sans appareil, que cette simplicité ne me paraît pas pouvoir se concilier avec l'état d'un pays, où la civilisation a fait d'immenses progrès, où les arts, l'industrie et le commerce ont produit et fixé de grandes richesses. Un gouvernement trop modeste serait dérisoire au milieu d'une nombreuse et riche population. Je vais plus loin. Dirigé contre la nature de sa position, on s'apercevrait bientôt que s'il ne réfléchit aucun éclat, la prospérité commune en souffre encore plus que sa dignité et sa puissance. Il convient donc que le trône soit imposant par ce qui l'entoure ; mais il ne faut pas que cet entourage soit animé d'un esprit contraire à la constitution de l'Etat : il doit en être le moyen et l'appui.

C'est encore un des effets que produiraient des institutions intermédiaires de l'espèce de celles que je propose : elles détruiraient les influences de ces restes parasites d'un régime aboli ; elles nettoieraient toutes les avenues du pouvoir qu'ils encombrent , et ne laisseraient plus aucune prise à des espérances qui , pour être folles, n'en sont pas moins désastreuses. Ce ne serait pas le moindre service qu'elles rendraient.

' Mais c'est ici que le choix des hommes serait d'une haute importance. Il les faudrait éminens en patriotisme comme en lumières et en vertus.

Comment se feraient ces choix ? Par qui ? Quelles en seraient les conditions ? Ce sont là des questions que je ne puis considérer que comme accessoires, et dont je n'ai pas cru devoir m'occuper : il suffit d'un canevas, et je n'ai pas eu la prétention d'offrir rien de plus au lecteur.

Je ne demande qu'une grâce aux personnes qui seraient tentées de combattre le fond de cette conception, ainsi que les points les plus essentiels contenus dans ce paragraphe, c'est qu'ils mettent à les juger un peu du temps que j'ai passé à les méditer.

Je publiai ces observations en 1819. J'élevais une question de la plus haute importance, je montrais un danger bien grand ; ce sujet était bien digne à tous égards d'être repris, discuté, monnoyé. Qui le croirait ? on ne s'en est pas occupé le moins du monde ; et puis, que les constitutionnels soient étonnés et se plaignent de ce qui leur arrive.

NOTES.

(*a*) Page 31. Des hommes qui avaient été employés dans le cours de la révolution. — Il faudrait au moins choisir des hommes d'une probité reconnue et d'un talent éprouvé. Un prétendu royaliste peut n'être qu'un sot, un spéculateur, un intrigant; on peut ne rencontrer qu'un hypocrite et un tartufe dans un dévot; toutes ces formes antérieures ne prouvent rien : mais une conduite honorable et une vertu sans tache, du bon sens et des lumières, voilà ce qui est bien dans tous les temps et bon pour tous les gouvernemens.

(*b*) Page 32. Comme les tribunaux n'ont aucune attribution politique. — Une loi leur a attribué la connaissance de la tendance des journaux. Cette loi n'existait pas en 1819.

(*c*) Page 37. Cette manière de raisonner ne me paraît nullement convaincante.— D'ailleurs les constitutionnels et les prétendus royalistes, se servant des mêmes expressions, disent à peu près toujours des choses diamétralement opposées.

IMPRIMERIE ET FONDERIE DE J. PINARD,
RUE D'ANJOU-DAUPHINE, N° 8.

www.ingramcontent.com/pod-product-compliance
Lightning Source LLC
LaVergne TN
LVHW012059030726
842523LV00002B/621